Ciudadanía

San Josemaría y el bien común

PALABRA

© Mariano Fazio, 2024
© Ediciones Palabra, S.A., 2024
   Paseo de la Castellana 210 - 28046 Madrid (España)
   Telf. (34) 91 350 77 20 - (34) 91 350 77 39
   www.palabra.es
   palabra@palabra.es

Diseño de portada: Equipo editorial
ISBN: 978-84-1368-403-1
Depósito Legal: M-25.191-2024
Impresión: Gohegraf, S.L.
Printed in Spain - Impreso en España

Mariano Fazio

Ciudadanía

San Josemaría y el bien común

dBolsillo

– ÍNDICE –

INTRODUCCIÓN

En octubre de 2024 pronuncié una conferencia en San Pablo (Brasil), en el contexto de un evento organizado en vistas al centenario de la fundación del Opus Dei. El título de la intervención era *El legado social de san Josemaría*. La preparación de la conferencia y el amplio material utilizado me animó a darle la forma de un pequeño libro. Anteriormente había abordado el espíritu de san Josemaría en *El último romántico* (Rialp, 2018). En Palabra publiqué un breve ensayo que en gran parte recoge muchas de las enseñanzas del fundador del Opus Dei sobre los desafíos del apostolado en la cultura contemporánea: *Transformar el mundo desde dentro* (Palabra, 2019). Ahora abordaré algunos aspectos de su espíritu relacionados directamente con la búsqueda del bien común que todo cristiano ha de perseguir como ciudadano leal de la sociedad civil. Naturalmente, algunas de las ideas recogidas en los libros anteriores volverán a aparecer en las siguientes páginas, pero el enfoque es distinto y los abundantes textos de san Josemaría –hemos procurado dejar que hable él– son en su mayoría novedosos, gracias a la paulatina aparición de las ediciones críticas de sus cartas, hasta ahora inéditas para el público general.

En primer lugar, me referiré a una de las consecuencias del carisma que Escrivá recibió el 2 de octubre de 1928: la llamada universal a la santidad en medio del mundo implicaba la santificación de todas las dimensiones de la existencia humana, incluidos todos los aspectos de la vida social.

Las dos condiciones que aparecen como necesarias para santificar la sociedad –además de la *conditio sine qua non* de toda obra apostólica, es decir, la gracia de Dios– son la unidad de vida del cristiano en su desempeño en el ámbito público o, con otras palabras, la coherencia entre lo que se cree y lo que se vive; y la necesaria formación en la doctrina social de la Iglesia para iluminar con la luz de Cristo todas las estructuras humanas.

Una vez establecidas las condiciones, se pasa a desarrollar los elementos que considero más importantes en las enseñanzas de san Josemaría en esta búsqueda del bien común: sentido de responsabilidad, amor a la libertad, capacidad de diálogo, espíritu de servicio y preocupación por los más pobres y necesitados. Se podrían haber escogido otros temas y estructurarlos de otra manera. He procurado dar prioridad a la claridad dentro de la brevedad de un libro de estas características.

Muchas de las citas textuales provienen de cartas que san Josemaría escribía a los miembros del Opus Dei. Sin embargo, en la mayoría de los casos, la doctrina que contienen es válida para cualquier cristiano que busque la santidad en medio del mundo. En los capítulos 5 y 8 hay algunos párrafos tomados de *El último romántico*.

Antes de comenzar, considero oportuno exponer sucintamente el significado del bien común, tal como lo entiendo, en las siguientes páginas. De acuerdo con el *Compendio de la doctrina social de la Iglesia*, se define como «el conjunto de condiciones de la vida social que hacen posible a las asociaciones y a cada uno de sus miembros el logro más pleno y más fácil de la propia perfección»[1]. No es simplemente la suma de los bienes particulares de cada miembro de la sociedad: «Siendo de todos y de cada uno, es y permanece común, porque es indivisible y porque solo juntos es posible alcanzar-

---

[1] *Compendio de la doctrina social de la Iglesia*, n. 164.

lo, acrecentarlo y custodiarlo, también en vistas al futuro»[2].

Existe una estrecha unión entre el actuar moral individual y el social. El bien común es la dimensión social y comunitaria del bien moral. Una sociedad justa, que quiera ponerse al servicio del bien integral de la persona humana, tiene como meta prioritaria el bien común. El carácter relacional de la persona exige que solo pueda alcanzar su propia perfección en el ámbito de la comunidad. «Esta verdad le impone no una simple convivencia en los diversos niveles de la vida social y relacional, sino también la búsqueda incesante, de manera práctica y no solo ideal, del bien, es decir, del sentido y de la verdad que se encuentran en las formas de vida social existentes. Ninguna forma expresiva de la sociabilidad –desde la familia, pasando por el grupo social intermedio, la asociación, la empresa de carácter económico, la ciudad, la región, el Estado, hasta la misma comunidad de los pueblos y de las Naciones– puede eludir la cuestión acerca del propio bien común, que es constitutivo de su significado y auténtica razón de ser de su misma subsistencia»[3].

---

[2] *Ibidem.*
[3] *Ibid.*, n. 165.

Acudo a la intercesión de san Josemaría para que estas páginas nos ayuden a ser buenos ciudadanos de la ciudad temporal, con la vista siempre puesta en la patria definitiva, el Cielo.

1. LLAMADA UNIVERSAL A LA SANTIDAD, EN MEDIO DEL MUNDO, EN TODOS LOS ÁMBITOS SOCIALES

El mensaje que san Josemaría había recibido de Dios el 2 de octubre de 1928 se centraba en la llamada a la santidad en medio del mundo a través del trabajo profesional y de las circunstancias ordinarias del cristiano. Todos los cristianos están llamados a la santidad en virtud del bautismo, y para la inmensa mayoría de los hombres no se requiere «salirse de su sitio» para tender hacia ella. El mundo –la vida corriente, con sus ámbitos característicos del trabajo profesional, la familia y los deberes de estado en la sociedad civil– es el *habitat* donde el cristiano se identifica con Cristo. La santificación de la vida ordinaria exige el auxilio de la gracia y de la relación personal con Dios. Al mismo tiempo, la vida espiritual misma necesariamente se inserta y hace referencia a las circunstancias normales del existir en medio del mundo.

El fundador del Opus Dei no se propuso «directamente» resolver ninguna crisis política, económica o social –tengamos en cuenta que recibe las luces fundacionales en el periodo de entreguerras, en el cual todas las dimensiones de la existencia humana eran críticas–, sino que se dedica a la difusión de un mensaje de santidad en medio de la vida ordinaria, que traerá como consecuencia el mejoramiento del mundo y la vivificación cristiana de la sociedad.

En una carta dirigida a los miembros del Opus Dei, escribía: «Quiere Jesús, Señor Nuestro, que proclamemos hoy en mil lenguas –y con don de lenguas, para que todos sepan aplicárselo a sus propias vidas–, en todos los rincones del mundo, ese mensaje viejo como el Evangelio, y como el Evangelio, nuevo»[1]. Dicho mensaje era el de la santidad en la vida ordinaria. Poco antes había escrito: «Hemos venido a decir, con la humildad de quien se sabe pecador y poca cosa –*homo peccator sum* (*Lc* 5, 8), decimos con Pedro–, pero con la fe de quien se deja guiar por la mano de

---

[1] *Carta* n. 3, 91b, en *Cartas I*, Edición crítica y anotada por Luis Cano, Rialp, Madrid 2020.

Dios, que la santidad no es cosa para privilegiados: que a todos nos llama el Señor, que de todos espera Amor, estén donde estén; de todos, cualquiera que sea su estado, su profesión o su oficio. Porque esa vida corriente, ordinaria, sin apariencia, puede ser medio de santidad: no es necesario abandonar el propio estado en el mundo, para buscar a Dios, si el Señor no da a un alma la vocación religiosa, ya que todos los caminos de la tierra pueden ser ocasión de un encuentro con Cristo»[2].

La llamada a vivir con Cristo en las circunstancias corrientes de la vida es calificada de vieja y de nueva, como el mensaje evangélico. Para san Josemaría, la luz recibida en 1928 estaba ya en el Evangelio, pero pasaron siglos hasta que se sacaran todas sus consecuencias: «¡Qué clara estaba, para los que sabían leer en el Evangelio, esa llamada general a la santidad en la vida ordinaria, en la profesión, sin abandonar el propio ambiente! Sin embargo, durante siglos, no la entendieron la mayoría de los cristianos: no se pudo dar el fenómeno ascético de que muchos buscaran así la santidad, sin salirse de su sitio, santificando la profesión y santificándose con la profesión. Y

---

[2] *Carta* n. 1, 2c, en *ibidem*.

muy pronto, a fuerza de no vivirla, fue olvidada la doctrina»[3].

El mensaje de la santificación del trabajo ordinario y de la vida corriente tenía, pues, algo de novedad[4]. Existía en el periodo de entreguerras una creciente conciencia de la necesidad de tender a la santidad. Citemos al intelectual católico Stanislas Fumet, que al referirse a esos años escribía: «*In illo tempore,* lo que caracterizaba al cristiano era el gusto por la santidad»[5]. Manifestación de esa conciencia es el siguiente punto de *Camino:* «Tienes obligación de santificarte. –Tú también. ¿Quién piensa que esta es labor exclusiva de sacerdotes y religiosos? A todos, sin excepción, dijo el Señor: "Sed perfectos, como mi Padre celestial es

---

[3] *Carta* n. 3, 91g, en *ibidem.*

[4] En 1962, rememorando los primeros tiempos del Opus Dei, Escrivá decía: «Había la incomprensión más brutal: porque lo que hoy ya es doctrina corriente en el mundo, entonces no lo era. Y si alguno afirma lo contrario, desconoce la verdad. (...) Había que crear toda la doctrina teológica y ascética, y la doctrina jurídica. Me encontré con una solución de continuidad de siglos: no había nada. La Obra entera, a los ojos humanos, era un disparatón. Por eso, algunos decían que yo estaba loco y que era un hereje, y tantas cosas más» (Meditación *En un dos de octubre,* 2-X-1962, Archivo General de la Prelatura, en adelante AGP, sec. RHF 20.161, p. 987). Para un estudio sobre la santificación del trabajo desde una perspectiva histórica, cfr. J. L. Illanes, *La santificación del trabajo,* Palabra, Madrid 1980.

[5] S. Fumet, *Histoire de Dieu dans ma vie,* Fayard-Mamme, Paris 1978, p. 310.

perfecto"»[6]. Donde radica la novedad, sin embargo, no es en el llamado a la santidad, sino en la forma en que esta debe crecer: el «nuevo estilo de santidad», utilizando una expresión de Jacques Maritain, era una santidad en medio del mundo, sin copiar formas de vida religiosa que eran santas para quienes tuvieran esa vocación, pero que mal se adaptaban a las circunstancias de un cristiano corriente[7].

La llamada a la santidad en medio del mundo implicaba que todas las dimensiones de la vida social son ámbitos propicios para la vida cristiana. El Señor no nos pide que abandonemos el mundo, sino que nos santifiquemos allí. Todo el entramado de las relaciones sociales –en la familia, en la empresa, en las oficinas públicas, en las iniciativas de servicio a los más necesitados, en la cultura, en la educación y un largo etcétera– están llamados a ser santificados. Con expresión gráfica, san Jose-

---

[6] *Camino*, n. 291.

[7] Como bien dicen los autores del *Itinerario jurídico del Opus Dei*, «no se puede olvidar que la teología de principios de siglo tendía a identificar, al menos en la práctica, la llamada a la plenitud de la vida cristiana con la llamada al estado o vocación religiosa» (A. DE FUENMAYOR, V. GÓMEZ-IGLESIAS, J. L. ILLANES, *El itinerario jurídico del Opus Dei. Historia y defensa de un carisma*, Eunsa, Pamplona 1989, p. 51).

maría animaba a «poner a Cristo en la cumbre de todas las actividades humanas»[8].

La vida espiritual del cristiano que se encuentra en medio del mundo se inserta en sus circunstancias vitales. El Señor espera que nos santifiquemos y hagamos apostolado en el seno de nuestra familia, en nuestro lugar de trabajo, en los círculos de amistades, en las iniciativas sociales en las que estamos metidos, en nuestro pueblo, ciudad, región y país. Siempre con una visión universal, católica, que nos hace ver con los ojos de la fe que el influjo que podemos tener en nuestro ambiente puede llegar hasta los confines del mundo. Pero hay que empezar por lo que tenemos al alcance de la mano. Si no aprovechamos nuestras circunstancias inmediatas, caeríamos en visiones imaginarias que impedirían toda fecundidad apostólica. Como decía la santa madre Teresa de Calcuta a algunas personas que querían ayudarla en una de sus primeras casas en la India, «no hace falta venir a la India para dar amor a los demás: la calle en la que vives puede ser tu Nirmal Hriday (...). Yo siempre digo

---

[8] San Josemaría repitió incansablemente esta idea, y son muchos los lugares donde la encontramos. Por ejemplo, en *Conversaciones con Mons. Escrivá de Balaguer*, Rialp, Madrid 1969, n. 59.

que el amor empieza en casa: primero la familia, y luego tu propio pueblo o ciudad»[9].

Pongamos un ejemplo literario. En *Casa desolada*, una de las mejores novelas salidas de la pluma de Charles Dickens, hay un personaje grotesco: Mrs. Jellyby. Representa a aquellas personas que están obsesionadas por ayudar a todo el mundo –cuanto más lejos de sus circunstancias vitales esté ese mundo, mejor– pero se olvidan de que tienen personas necesitadas junto a sí, muchas veces, en su misma casa, en su comunidad de vecinos o en su propia ciudad.

Mrs. Jellyby dedica todas las horas del día a escribir cartas, contestarlas, organizar reuniones con el fin de ayudar a una misión en África: *Borrioboola-Gha*. Es madre de familia numerosa, pero sus hijos viven en medio del desorden y de la suciedad. Nadie se ocupa de ellos, y cuando reclaman la atención de su madre, esta les reprocha que «no se interesan de los grandes problemas del mundo». En el fondo, según Mrs. Jellyby, sus hijos son unos egoístas. También su marido es víctima de la preocupación por la misión africana de su esposa. Vive aislado, en medio de problemas finan-

---

[9] Santa Teresa de Calcuta, *A Simple Path*, Ballantine Books, New York 1995.

cieros terribles, sin nadie que se preocupe por él. Mrs. Jellyby se desentiende de los problemas familiares, porque su preocupación radica en algunas poblaciones africanas que tienen tantas necesidades materiales y espirituales. Preocupación, por otro lado, ingenua, pues se dedica a tejer abrigos de lana, que poco uso tendrían en los calores tropicales de África[10].

En realidad, su celo por esas poblaciones es un escapismo para no enfrentar los problemas y necesidades ordinarios de todos los días: preparar la comida, limpiar la casa, mantener el orden en medio de una familia numerosa, cuidar a un hijo enfermo, consolar al que está triste, animar a la hija que tiene dificultades sentimentales, servir de apoyo a su marido en los momentos de crisis económica, mejorar la convivencia con sus vecinos, etc. Hay un dicho popular que da en el clavo para estigmatizar a Mrs. Jellyby: «La caridad bien entendida empieza por casa». Un padre o una madre de familia que descuidan a sus hijos por el bien de unas lejanas poblaciones, olvidan su primera contribución social.

---

[10] Cfr. C. DICKENS, *Casa desolada*, Montesinos, Madrid 2018.

El Señor nos llama a santificar la vida ordinaria, incluidos todos los aspectos de la vida social, con un sano realismo sobrenatural. Queremos cambiar el mundo, pero hemos de comenzar por cambiar nuestro propio corazón y el ambiente que nos rodea. Para esta obra de santificación hay dos condiciones necesarias: que mostremos coherencia en nuestros actos con la fe que profesamos, y que nos formemos suficientemente para regirnos por los principios del Evangelio, que tanta luz echan sobre los caminos para alcanzar el bien común de la sociedad. Pasemos a analizar estas dos condiciones.

2. UNIDAD DE VIDA

Un caso extremo de falta de coherencia entre lo que se cree y lo que se vive –afortunadamente, ficticio, pero que lamentablemente se puede dar en la realidad– lo encontramos en una de las novelas ejemplares de Cervantes: *Rinconete y Cortadillo*. Allí, el autor del Quijote narra cómo los miembros del hampa de Sevilla realizan toda clase de fechorías, pero se encomiendan siempre a la Santísima Virgen y a todos los santos para que sus malas acciones alcancen el éxito. En las circunstancias ordinarias no nos encontraremos habitualmente con casos tan extremos, pero seguramente hemos visto –en nuestra vida o en la de nuestros parientes, amigos o vecinos– incoherencias entre la moral natural o la doctrina cristiana y algunas actuaciones en la vida social de los católicos. Personas que no respetan las leyes de tránsito o de la buena convivencia, que mienten en su declaración impositiva, que se hacen eco de calumnias infundadas o que simplemente tratan con desprecio a quienes ocupan un lugar más humilde en la escala social. Todo esto representa un obstáculo obvio para la búsqueda del bien común con sentido cristiano.

Hace ya muchos años, escribía el santo aragonés: «Es frecuente, en efecto, aun entre católicos que parecen responsables y piadosos, el error de pensar que solo están obligados a cumplir sus deberes familiares y religiosos, y apenas quieren oír hablar de deberes cívicos. No se trata de egoísmo: es sencillamente falta de formación, porque nadie les ha dicho nunca claramente que la virtud de la piedad –parte de la virtud cardinal de la justicia– y el sentido de la solidaridad cristiana se concretan también en este estar presentes, en este conocer y contribuir a resolver los problemas que interesan a toda la comunidad»[1].

La llamada a la santidad en medio del mundo lleva, como una de sus consecuencias más importantes, a encarnar lo que san Josemaría llamaba «unidad de vida». El cristiano no puede tener una «doble vida». Las personas incoherentes en su actuación con su fe podrían ser calificadas de hombres o mujeres con una doble personalidad o,

[1] *Carta* n. 3, 46a, en *Cartas I*, cit.

utilizando una palabra citada en los Evangelios, personas con doblez y engaño.

La falta de coherencia entre lo que se cree y lo que se vive es una de las grandes enfermedades de la cultura contemporánea. Hoy es urgente predicar con el ejemplo. El cristiano corriente que busca la santidad en las encrucijadas de este mundo debería sobresalir por su identificación con Cristo –en eso consiste la santidad–, que se manifiesta en procurar tener los mismos sentimientos del Señor: ante todo, la caridad con todas las personas y, como consecuencia, la capacidad de perdonar y de pedir perdón, el espíritu de servicio, la preocupación por los demás, la búsqueda de la justicia social, la compasión por los más débiles. En una frase que condensa muchos contenidos, san Josemaría nos animaba a ser, en medio de las circunstancias más normales, «sembradores de paz y alegría». Y concluye: «Es, pues, necesario imitar a Jesucristo para darlo a conocer con nuestra vida. Sabemos que Cristo se hizo hombre a fin de introducir a todos los hombres en la vida divina, para que –uniéndonos a Él– viviésemos individual y socialmente la vida de Dios»[2]. Nótese que se habla de vivir «socialmente» la vida de Dios.

---

[2] *Carta* n. 3, 29b, en *ibidem*.

Una última cita bastará para asentar su predicación sobre este tema: «Estáis obligados a dar ejemplo, hijos míos, en todos los terrenos, también como ciudadanos. Debéis poner empeño en cumplir vuestros deberes y en ejercitar vuestros derechos. Por eso (...) observamos como ciudadanos católicos las leyes civiles con el mayor respeto y acatamiento, y dentro del ámbito de esas leyes nos esforzamos siempre por trabajar»[3]. Obviamente, se trata de respetar las leyes válidas, que concuerdan con la ley natural. La unidad de vida también se manifestará en procurar, junto a los ciudadanos de buena voluntad, lograr los cambios legislativos necesarios para que las leyes reconozcan y protejan la dignidad de la persona humana.

---

[3] *Ibidem*, 35a.

3. FORMACIÓN EN DOCTRINA
SOCIAL DE LA IGLESIA

Acabamos de ver cómo san Josemaría señalaba que la ignorancia es uno de los factores que explican la falta de compromiso social de los católicos. Junto a la unidad de vida, otra implicación de la llamada a la santidad en medio del mundo es el conocimiento de la doctrina social de la Iglesia. En el año 2002, el cardenal vietnamita François-Xavier Van Thuan, que murió con fama de santidad y hace unos años ha sido declarado venerable, recordaba cómo san Josemaría deseaba que en el catecismo de la doctrina cristiana se incluyeran algunas preguntas sobre las obligaciones cívicas del cristiano[1]. «Os diré, a este propósito –señalaba el fundador del Opus Dei–, cuál es mi gran deseo: querría que, en el catecismo de la doctrina

---

[1] Cfr. F. X. Van Thuan, *Indirizzo di saluto*, en *La grandezza della vita quotidiana*, EDUSC, Roma 2002, I, 173.

cristiana para los niños, se enseñara claramente cuáles son estos puntos firmes, en los que no se puede ceder, al actuar de un modo o de otro, en la vida pública; y que se afirmara, al mismo tiempo, el deber de actuar, de no abstenerse, de prestar la propia colaboración para servir con lealtad y con libertad personal al bien común. Es este un gran deseo mío, porque veo que así los católicos aprenderían esas verdades desde niños, y sabrían practicarlas luego cuando fueran adultos»[2]. Gracias a Dios, eso es ya una realidad en el *Catecismo de la Iglesia Católica*, don de san Juan Pablo II a la Iglesia universal, y en el *Compendio de la doctrina social de la Iglesia*.

El Papa Francisco también se hace eco de esta misma preocupación. En su encíclica *Fratelli tutti* expresa su pena por la confusión que tienen muchos cristianos en materias sociales, como los que promueven nacionalismos excluyentes, xenofobias y desprecio por el que es diferente. Un remedio principal es la formación: «La fe, con el humanismo que encierra, debe mantener vivo un sentido crítico frente a estas tendencias, y ayudar a reaccionar rápidamente cuando comienzan a insinuarse. Para ello es importante que la catequesis y la

---

[2] *Carta* n. 3, 45b, en *Cartas I*, cit.

predicación incluyan de modo más directo y claro el sentido social de la existencia, la dimensión fraterna de la espiritualidad, la convicción sobre la inalienable dignidad de cada persona y las motivaciones para amar y acoger a todos»[3].

Quien desee impregnar las estructuras terrenales del espíritu de Cristo necesariamente debe formarse para no equivocar el camino. El Evangelio echa una luz intensa para comprender el proyecto de Dios sobre la organización social, la familia, la economía, la cultura. Benedicto XVI hablaba con frecuencia de algunos principios con los que un cristiano coherente no debería negociar, para acercar este mundo lo más posible al proyecto divino. Pero si hay principios «no negociables», también hay muchas cosas que son negociables, objeto de tratativas, de diálogo, de búsqueda de consensos, etc. Distinguir las cosas unidas esencialmente a la fe de las cosas opinables es fundamental para contribuir a la construcción de una sociedad cada vez más acorde a los planes de Dios. Y para distinguir correctamente, hay que formarse bien.

San Josemaría no pretendía que todos los ciudadanos fueran profesionales de la política o de las ciencias sociales, pero auspiciaba que todos

---

[3] FRANCISCO, Encíclica *Fratelli tutti*, 3-X-2020, n. 86.

tuviésemos «un mínimo de conocimiento de los aspectos concretos que adquiere el bien común de la sociedad, en la que vive cada uno, en unas circunstancias históricas determinadas; y también se puede exigir un mínimo de comprensión de la técnica –de las posibilidades reales, limitadas– de la pública administración y del gobierno civil, porque sin esta comprensión no puede haber crítica serena y constructiva ni opiniones sensatas»[4].

En Italia hay un dicho popular que dice así: *Piove. Governo ladro!* (Llueve. ¡Gobierno ladrón!). La crítica fácil, la protesta gratuita, las reivindicaciones desorbitadas, que están tan al orden del día en la vida política, en la opinión pública y en las redes sociales, en nada contribuyen a la búsqueda del bien común. Seguir el consejo de san Josemaría de formarnos bien y de procurar entender con empatía el mundo que nos circunda crearía un ambiente de paz, de justicia y de comprensión que sí ayudarían al bien social de la comunidad.

---

[4] *Carta* n. 3, 46c, en *Cartas I*, cit.

4. SENTIDO DE
RESPONSABILIDAD

En el Evangelio son numerosas las llamadas que el Señor dirige a sus discípulos para que tomen conciencia de la responsabilidad que les compete sobre el mundo. El cristiano está llamado a ser sal y luz, fermento en la masa. La parábola de los talentos, en la que el Señor nos pide hacer fructificar nuestras capacidades en servicio de nuestros hermanos, se encuentra entre las más comentadas por la tradición de la Iglesia, pues se trata de un despertador para evitar la pasividad y la indolencia. La leemos en el capítulo 25 de san Mateo, en donde se encuentra también la descripción del Juicio Universal: el Señor pedirá cuenta estrecha de cómo nos hicimos cargo, de cómo fuimos responsables de nuestros prójimos, especialmente de los más necesitados.

La parábola del buen samaritano es otro despertador de nuestra responsabilidad para con to-

dos. El Papa Francisco comenta que «esta parábola es un icono iluminador, capaz de poner de
manifiesto la opción de fondo que necesitamos
tomar para reconstruir este mundo que nos duele.
Ante tanto dolor, ante tanta herida, la única salida
es ser como el buen samaritano. Toda otra opción
termina o bien al lado de los salteadores o bien al
lado de los que pasan de largo, sin compadecer-
se del dolor del hombre herido en el camino. La
parábola nos muestra con qué iniciativas se puede rehacer una comunidad a partir de hombres y
mujeres que hacen propia la fragilidad de los demás, que no dejan que se erija una sociedad de ex-
clusión, sino que se hacen prójimos y levantan y
rehabilitan al caído, para que el bien sea común.
Al mismo tiempo, la parábola nos advierte sobre
ciertas actitudes de personas que solo se miran a
sí mismas y no se hacen cargo de las exigencias
ineludibles de la realidad humana»[1].

Unidad de vida y formación en la doctrina –siempre fundamentadas en una vida espiritual since-
ra– fortalecerán nuestro sentido de responsabilidad social. Hay que dejar de lado la pasividad, la
comodidad, y cargar sobre nuestros hombros este
mundo nuestro, tan lleno de necesidades, de injus-

---

[1] FRANCISCO, *Fratelli tutti*, n. 68.

ticias, de sufrimientos. «Vuestro amor a todos los hombres os debe llevar a afrontar los problemas temporales con valentía, según vuestra conciencia. No tengáis miedo al sacrificio ni a asumir cargas pesadas. Ningún acontecimiento humano puede sernos indiferente, antes al contrario, todos deben ser ocasión para hacer bien a las almas y facilitarles el camino hacia Dios»[2].

En *Surco* encontramos un entero capítulo que lleva como título *Ciudadanía*. Es una manifestación de la importancia que otorgaba el fundador del Opus Dei a esta dimensión del vivir cristiano. Allí, anima a los cristianos a ejercitar sus derechos ciudadanos, asumiendo su personal responsabilidad: «No podemos cruzarnos de brazos, cuando una sutil persecución condena a la Iglesia a morir de inedia, relegándola fuera de la vida pública y, sobre todo, impidiéndole intervenir en la educación, en la cultura, en la vida familiar. No son derechos nuestros: son de Dios, y a nosotros, los católicos, Él los ha confiado..., ¡para que los ejercitemos!»[3].

El sentido de responsabilidad nos ha de impulsar a poner en movimiento lo que san Juan Pablo II

---

[2] *Carta, 15-X-1948*, n. 28.
[3] *Surco*, 310.

llamaba «la imaginación de la caridad». Con creatividad, el ciudadano cristiano preocupado por el bien común podrá imaginar y promover, junto con otros ciudadanos igualmente responsables, posibles soluciones a los problemas sociales que se presentan continuamente en su entorno. Los tiempos cambian, las sociedades evolucionan, pero siempre habrá necesidades que satisfacer, personas que formar, enfermos que consolar. Todavía resuena en el mundo la respuesta de Caín ante la pregunta de Yahvé sobre el destino de Abel: «¿Acaso soy yo el guardián de mi hermano?». La respuesta es un rotundo sí. Somos guardianes de nuestros hermanos, de cada uno en particular y de la sociedad en su conjunto.

Más adelante nos referiremos a las iniciativas de carácter social, tendentes a paliar las necesidades de una sociedad determinada. Pero la principal manifestación del sentido de responsabilidad social radica en el cumplimiento de nuestras obligaciones de estado: trabajar bien, con toda la perfección de que seamos capaces, para prestar el servicio que nuestros conciudadanos esperan en justicia de nosotros; crear un ambiente familiar apto para formar en virtudes a los hijos, futuros ciudadanos responsables; respetar las leyes y los ordenamientos jurídicos válidos para que la convivencia sea ordenada y pacífica. Ahí nos espera el Señor, y así podremos contribuir eficazmente al bien común. Mons. Fernando Ocáriz se refería al carácter transformador del trabajo: «El trabajo santificado es siempre una palanca de transformación del mundo, y el medio habitual a través del cual se deberían producir los cambios que dignifican la vida de las personas, de modo que la caridad y la justicia empapen verdaderamente todas las relaciones. El trabajo así realizado podrá contribuir a purificar las estructuras de pecado, convirtiéndolas en estructuras donde el desarrollo humano integral sea una posibilidad real»[4].

Hemos de huir de lo que san Josemaría llamaba «la mística ojalatera»: «Vivir santamente la vida ordinaria, acabo de deciros. Y con esas palabras me refiero a todo el programa de vuestro quehacer cristiano. Dejaos, pues, de sueños, de falsos idealismos, de fantasías, de eso que suelo llamar *mística ojalatera* –¡ojalá no me hubiera casado, ojalá no tuviera esta profesión, ojalá tuviera más salud, ojalá fuera joven, ojalá fuera viejo!...–, y ateneos, en cambio, sobriamente, a la realidad más mate-

---

[4] F. Ocáriz, Conferencia "Agrandar el corazón", 22 de enero de 2023 (https://opusdei.org/es/article/agrandar-el-corazon/ y https://opusdei.org/es/article/video-conferencia-agrandar-el corazon-fernando-ocariz-betocare-roma).

rial e inmediata, que es donde está el Señor»[5]. Precisamente es esa realidad más material e inmediata en donde se entretejen las relaciones con nuestros prójimos.

---

[5] *Conversaciones*, n. 116.

5. AMOR A LA LIBERTAD, PLURALISMO

El bien común implica crear las circunstancias para que cada persona pueda alcanzar su plenitud en la vida personal y de relación con los demás. Para ello es necesario garantizar amplios ámbitos de libertad. No es este el momento para detenernos en todos los aspectos de la libertad: solo señalamos que la plenitud de la vida humana es el Amor –con mayúscula, que se identifica con Dios–, y sin libertad no podremos amar.

En muchas sociedades contemporáneas, la libertad sufre un menoscabo preocupante. A fuerza de imponer lo supuestamente «correcto» desde una perspectiva cerrada al espíritu, dicha libertad se ve limitada, y muchas personas caen en una espiral del miedo y el silencio para no quedar fuera de juego, como ha sucedido con la llamada cultura de la cancelación que están denunciando los rectores de algunas de las universidades más destacadas de los

Estados Unidos. En algunas latitudes se imponen dictaduras de un signo o de otro, impregnadas de ideologías totalitarias, que impiden expresar los pensamientos que no coincidan con la doctrina oficial, bajo pena de prisión. Más grave aún son los intentos de negar la libertad religiosa a los ciudadanos, ejerciendo una persecución sistemática a los que no comparten el credo único oficial de una sociedad basada en el fundamentalismo. No se trata solo del fundamentalismo religioso: también el laicismo peca de totalitario cuando impide las manifestaciones públicas de una fe religiosa. Con mejores palabras describía esta situación cultural el cardenal Ratzinger, en la homilía de la Misa que celebró al comienzo del cónclave que le eligió papa, en abril del 2005. Decía en esa ocasión: «¡Cuántos vientos de doctrina hemos conocido durante estos últimos decenios!, ¡cuántas corrientes ideológicas!, ¡cuántas modas de pensamiento!... La pequeña barca del pensamiento de muchos cristianos ha sido zarandeada a menudo por estas olas, llevada de un extremo al otro: del marxismo al liberalismo, hasta el libertinaje; del colectivismo al individualismo radical; del ateísmo a un vago misticismo religioso; del agnosticismo al sincretismo, etc. Cada día nacen nuevas sectas y se realiza lo que dice san Pablo sobre el engaño de los hombres, sobre la astucia que tiende a inducir a error (cfr. *Ef* 4, 14). A quien tiene una fe clara, según el Credo de la Iglesia, a menudo se le aplica la etiqueta de fundamentalismo. Mientras que el relativismo, es decir, dejarse «llevar a la deriva por cualquier viento de doctrina», parece ser la única actitud adecuada en los tiempos actuales. Se va constituyendo una dictadura del relativismo que no reconoce nada como definitivo y que deja como última medida solo el propio yo y sus antojos»[1].

A san Josemaría le gustaba el aire limpio y el agua clara. Allí donde se niega la libertad, el ambiente social se llena de oscuridades y el agua que debería correr libérrima para saciar la sed de los ciudadanos se estanca y se pudre. Por eso, una de las características más sobresalientes de sus enseñanzas era precisamente su amor a la libertad. Afirmaba con fuerza que hay un ámbito libérrimo en la persona humana en la que solo puede entrar el mismo interesado y Dios, y que siempre ha de ser respetado: la intimidad de las conciencias. San Josemaría dedicó mucho tiempo a la dirección espiritual, y con su conducta manifestó un exquisito respeto por el misterio de la conciencia humana,

---

[1] J. RATZINGER, Homilía en la Misa *pro eligendo pontifice*, 18-IV-2005.

que jamás se puede forzar. Así entendía esta labor de acompañamiento: «He concebido siempre mi labor de sacerdote y de pastor de almas como una tarea encaminada a situar a cada uno frente a las exigencias completas de su vida, ayudándole a descubrir lo que Dios, en concreto, le pide, sin poner limitación alguna a esa independencia santa y a esa bendita responsabilidad individual, que son características de una conciencia cristiana. Ese modo de obrar y ese espíritu se basan en el respeto a la trascendencia de la verdad revelada y en el amor a la libertad de la humana criatura. Podría añadir que se basa también en la certeza de la indeterminación de la historia, abierta a múltiples posibilidades, que Dios no ha querido cerrar»[2].

El respeto irrestricto por el sagrario íntimo de las conciencias le llevaba a defender la libertad en materia religiosa. Mantuvo relaciones de auténtica amistad con personas de todo credo o sin credo alguno, y estaba dispuesto a dar la vida para defender la libertad de sus conciencias. Sostuvo un filial forcejeo con la Santa Sede para que permitieran que en el Opus Dei pudiera haber cooperadores no católicos, e incluso no cristianos. Se llenó de alegría con la declaración sobre la libertad religio-

---

[2] *Es Cristo que pasa*, 99.

sa *Dignitatis humanae*, del Concilio Vaticano II. Parafraseando la declaración magisterial, afirmaba: «Yo defiendo con todas mis fuerzas la libertad de las conciencias, que denota que a nadie le es lícito impedir que la criatura tribute culto a Dios. Hay que respetar las legítimas ansias de verdad: el hombre tiene obligación grave de buscar al Señor, de conocerle y de adorarle, pero nadie en la tierra debe permitirse imponer al prójimo la práctica de una fe de la que carece; lo mismo que nadie puede arrogarse el derecho de hacer daño al que la ha recibido de Dios»[3].

Junto a la libertad religiosa, defendía la libertad de todos los cristianos para defender sus opiniones en las materias que Dios ha dejado al libre albedrío de los hombres. Fomentaba un clima vital abierto, en el que cada uno pudiera manifestarse sencillamente como era, y en el que se respetaran las opiniones de unos y otros. Detestaba la tiranía, «porque es contraria a la dignidad de la persona humana»[4], y manifestaba un gran respeto por el pluralismo en lo opinable, ya se tratase de temas políticos, sociales, económicos, culturales, deportivos: en definitiva, en el ancho mundo de lo no

---

[3] *Amigos de Dios*, 32.
[4] *Conversaciones*, 53.

dogmático. Leemos en *Surco:* «Qué triste cosa es tener una mentalidad cesarista, y no comprender la libertad de los demás ciudadanos, en las cosas que Dios ha dejado al juicio de los hombres»[5].

En algunas ocasiones se pueden presentar situaciones en las que la conciencia advierte a un cristiano que debe escoger una solución concreta, si quiere permanecer fiel a su compromiso de amor a Dios. Pero en la mayoría de los casos, se ofrece al cristiano –al igual que a toda persona humana– un abanico de posibilidades en donde debe primar la libertad responsable para optar por lo que le parezca más conveniente.

En un artículo publicado en el diario *ABC* de Madrid el 2 de noviembre de 1969, san Josemaría se expresaba de este modo: «Dios, al crearnos, ha corrido el riesgo y la aventura de nuestra libertad. Ha querido una historia que sea una historia verdadera, hecha de auténticas decisiones, y no una ficción ni un juego. Cada hombre ha de hacer la experiencia de su personal autonomía, con lo que eso supone de azar, de tanteo y, en ocasiones, de incertidumbre. No olvidemos que Dios, que nos da la seguridad de la fe, no nos ha revelado el sentido de todos los acontecimientos humanos. Junto

---

[5] *Surco*, 313.

con las cosas que para el cristiano están totalmente claras y seguras, hay otras –muchísimas– en las que solo cabe la opinión: es decir, un cierto conocimiento de lo que puede ser verdadero y oportuno, pero que no se puede afirmar de un modo incontrovertible. Porque no solo es posible que yo me equivoque, sino que –teniendo yo razón– es posible que la tengan también los demás. Un objeto que a uno parece cóncavo, parecerá convexo a los que estén situados en una perspectiva distinta»[6].

Para san Josemaría, la vocación a la santidad en las circunstancias ordinarias de la existencia implicaba necesariamente la más amplia libertad: «Se ve claro que, en este terreno como en todos, no podríais realizar ese programa de vivir santamente la vida ordinaria, si no gozarais de toda la libertad que os reconocen a la vez la Iglesia y vuestra dignidad de hombres y de mujeres creados a imagen de Dios. La libertad personal es esencial en la vida cristiana. Pero no olvidéis, hijos míos, que hablo siempre de una libertad responsable»[7].

La responsabilidad trae consigo la invitación a intervenir en la vida de la sociedad, dejando allí una impronta evangélica, siempre en el respeto de

---

[6] Artículo *Las riquezas de la fe*, ABC, 2-XI-1969.
[7] *Conversaciones*, 138.

las libres opciones temporales. «Interpretad, pues, mis palabras, como lo que son –afirmaba en la célebre homilía del Campus de la Universidad de Navarra–: una llamada a que ejerzáis ¡a diario!, no solo en situaciones de emergencia vuestros derechos; y a que cumpláis noblemente vuestras obligaciones como ciudadanos en la vida política, en la vida económica, en la vida universitaria, en la vida profesional, asumiendo con valentía todas las consecuencias de vuestras decisiones libres, cargando con la independencia personal que os corresponde. Y esta cristiana *mentalidad laical* os permitirá huir de toda intolerancia, de todo fanatismo, lo diré de un modo positivo, os hará convivir en paz con todos vuestros conciudadanos, y fomentar también la convivencia en los diversos órdenes de la vida social»[8].

Para remarcar aún más la importancia que otorgaba a la libertad de los cristianos en materias temporales, citemos una carta dirigida a sus hijos, donde pedía que evitaran «ese abuso que parece exasperado en nuestros tiempos –está patente y se sigue manifestando de hecho en naciones de todo el mundo– que revela el deseo contrario a la lícita libertad de los hombres, que trata de obligar a to-

---

[8] *Conversaciones*, 104.

dos a formar un solo grupo en lo que es opinable, a crear como dogmas doctrinas temporales»[9].

La libertad en materias opinables forma parte esencial de su espíritu secular y laical. Aborrecía de la mentalidad de «partido único», y reivindicaba para los cristianos la libertad de opinión y las decisiones responsables en sus actividades profesionales y sociales. San Josemaría se enfrentó a la tendencia dictatorial de negar la libertad en los asuntos temporales, que presenta dos vertientes: la del que quiere convertir en materia de fe y moral cristianas lo que en realidad no lo es, y la del que pretende elevar una mera opinión a rango de verdad absoluta.

La primera tendencia puede ser llamada clericalismo o «catolicismo oficial». San Josemaría criticaba la visión clerical que no distingue ámbitos —el orden natural y el sobrenatural, la Iglesia y el Estado, la religión y la política, etc.–, y sostenía que para la inmensa mayoría de los asuntos humanos no había una «solución católica», sino que cada cristiano elige la opción más conveniente según el dictado de su conciencia bien formada. Era el rechazo a las confusiones político-religiosas, producto de una mentalidad clerical, que en la España de esos años estuvieron a la orden del día.

---

[9] *Carta, 31-V-1954*, 19.

No hay que hacer de lo opinable materia de fe. A su vez, hay que evitar considerar como una verdad absoluta, en cualquier campo, lo que es simplemente una opinión personal, una posible solución a un problema que admite otras soluciones, quizá igualmente válidas. En el mencionado artículo de *ABC* se refería a esta tendencia, y sentenciaba: «No hay dogmas en las cosas temporales. No va de acuerdo con la dignidad de los hombres el intentar fijar unas verdades absolutas, en cuestiones donde por fuerza cada uno ha de contemplar las cosas desde su punto de vista, según sus intereses particulares, sus preferencias culturales y su propia experiencia peculiar. Pretender imponer dogmas en lo temporal conduce, inevitablemente, a forzar las conciencias de los demás, a no respetar al prójimo»[10].

Para estos vienen bien las reflexiones de san Josemaría en *Surco:* «No me olvides que, en los asuntos humanos, también los otros pueden tener razón: ven la misma cuestión que tú, pero desde distinto punto de vista, con otra luz, con otra sombra, con otro contorno»[11].

---

[10] "Las riquezas de la fe", *ABC*, 2-XI-1969.
[11] *Surco*, 275.

Hay que añadir que, en nuestro autor, insepara-
blemente unida a esta conciencia de la libertad del
cristiano en lo temporal, estaba la obligación de
la formación de la conciencia y también la afirma-
ción del derecho-deber de la jerarquía eclesiástica
de pronunciar juicios morales sobre las realidades
temporales cuando lo exigiera la fe y la moral cristianas[12].

---

[12] Cfr. A. RODRÍGUEZ LUÑO, *La formazione della coscienza
in materia sociale e politica secondo gli insegnamenti del beato
Josemaría Escrivá*, en *Romana*, enero-junio 1991, 162-181.

6. CAPACIDAD DE DIÁLOGO

El pluralismo social impulsado por san Josemaría implica una «cultura del diálogo» en la vida social. Precisamente san Pablo VI dedicó al diálogo su primera encíclica, *Ecclesiam suam*. El fundador del Opus Dei animaba a no discutir, sino a intercambiar pareceres, con caridad y respeto por la persona que opina de forma diversa de la nuestra. Para dialogar, hace falta humildad: no somos dueños de la verdad y podemos –y debemos– aprender de los demás; hace falta caridad: nunca podremos maltratar a una persona por más que estemos seguros de que está equivocada; hace falta comprensión, es decir, ponernos en las circunstancias de los demás. En definitiva, en el diálogo ejercitamos muchas virtudes cristianas que hacen más humana la sociedad en la que vivimos.

Para que el diálogo sea real, resulta clave permanecer fiel a la propia identidad. La inmensa mayoría de las cuestiones son opinables. A su vez, hay un núcleo de verdades –tanto de fe como de orden natural– en las que una persona de conciencia recta no puede ceder: se trata de la «santa intransigencia», en expresión usada por san Josemaría, o de los «principios no negociables» de Benedicto XVI. Un punto de *Surco* citado anteriormente termina así: «Solo en la fe y en la moral hay un criterio indiscutible: el de nuestra Madre la Iglesia»[1]. Defender con garbo esos puntos irrenunciables no significa ser fundamentalistas: es ser coherentes con nuestra conciencia humana y cristiana.

En una carta enviada a sus hijos el 21 de enero de 1966, san Josemaría se explayaba sobre el diálogo que todo cristiano ha de mantener en la sociedad, para hacerla más humana y, en consecuencia, más cristiana. Vamos a reproducir numerosos pasajes de esta carta, esperando no cansar al lector, pues considero que merece ser conocida y, sobre todo, aplicada en un ambiente de crispación como es el actual en el debate público, tanto en lo político como en lo cultural y religioso.

Como siempre, el modelo es la vida de Jesús, que mantuvo un diálogo ininterrumpido con todo tipo de personas. «Con la luz siempre nueva de la caridad, con un generoso amor a Dios y al próji-

---

[1] *Surco*, 275.

mo, renovaremos, a la vista del ejemplo que nos dio el Maestro, nuestras ansias de comprender, de disculpar, de no sentirnos enemigos de nadie»[2]. Nuestra actitud ha de ser la de sembradores de paz y alegría en el mundo, amando y defendiendo la libertad de las almas, ganada y respetada por el mismo Señor.

San Josemaría concebía como finalidad propia del Opus Dei –pero podemos aplicarla a todos los cristianos– «extender por todo el mundo el mensaje de amor y de paz, que el Señor nos ha legado; para invitar a todos los hombres al respeto de los derechos de la persona»[3].

El fundador describe un panorama poco alentador de los tiempos que le habían tocado vivir, que son muy similares a los nuestros: se habla mucho de paz, pero la paz brilla por su ausencia; se habla de democracia e igualdad, pero hay castas cerradas e impenetrables; se clama por la comprensión, pero no se vive, tampoco entre los cristianos. «Son momentos en los que los fanáticos e intransigentes –incapaces de admitir razones ajenas– se curan en salud, tachando de violentos y agresivos a los que son sus víctimas. Nos ha llamado (el Señor), en fin,

---

[2] *Carta* n. 4, 3a, en *Cartas I*, cit.
[3] *Ibidem*, 3c.

cuando se oye hablar mucho de unidad, y quizá sea difícil concebir que pueda darse mayor desunión, no ya entre los hombres en general, sino entre los mismos católicos»[4].

Escrivá tenía el don de la magnanimidad, una gran capacidad de abrir horizontes. Por eso animaba a no sentirse enemigos de nadie, «a tener un corazón grande, universal, católico; a volar como las águilas, en alas del amor de Dios, sin encerrarnos en el gallinero de rencillas o de banderías mezquinas, que tantas veces esterilizan la acción de los católicos que quieren trabajar por Cristo»[5].

La visión del santo no es ingenua. En este mundo hay siempre, entremezclados, el trigo y la cizaña. La presencia del mal, del error son evidentes. La solución no es pedir que baje fuego del cielo para exterminar a los pecadores, ni la de convertirse en pájaros de mal agüero. Lo propio del cristiano es ahogar el mal en abundancia de bien.

San Josemaría aborda un tema central en la actuación de los cristianos en la plaza pública: fidelidad a la doctrina –que llama, como hemos visto, «santa intransigencia»– y acogida y respeto por todas las personas, también las que se encuentran

---

[4] *Ibidem*, 4c.
[5] *Ibidem*, 5e.

en el error: es la «santa transigencia». Y aclara: «Es preciso, sin embargo, que enseñéis a mucha gente a practicar esta doctrina, porque no es difícil encontrar quien confunda la intransigencia con la intemperancia, y la transigencia con la dejación de derechos o de verdades que no se pueden baratear»[6].

Los cristianos no podemos transigir con las verdades de fe. El depósito de la Revelación no nos pertenece. Si se hicieran los cambios en la doctrina que muchos pretenden, con la buena intención de que todos nos pusiéramos de acuerdo, saldría una especie de religión vaga y sentimental, que ya no sería sal y luz. El cristiano ha de defender lo que la Iglesia enseña en materia de fe y costumbres «con el ejemplo, con la palabra, con vuestros escritos, con todos los medios nobles que estén a vuestro alcance»[7].

La fidelidad a la verdad no nos puede llevar al deseo de aniquilar al que se equivoca o a dejarnos arrastrar por la ira o a caer en el fanatismo. Evitemos la actitud del «martillo de herejes». Para ello es útil distinguir entre el error y la persona equivocada, y en el error mismo saber rescatar la parte

---

[6] *Ibidem*, 6d.
[7] *Ibidem*, 8c.

de verdad que conlleva. «Las ideas malas no suelen ser totalmente malas; tienen ordinariamente una parte de bien, porque, si no, no las seguiría nadie. Tienen casi siempre una chispa de verdad, que es su banderín de enganche; pero esa parte de verdad no es de ellas: está tomada de Cristo, de la Iglesia; y por tanto son esas ideas buenas –que están mezcladas con el error– las que han de venir detrás de los cristianos, que poseen la verdad plena: no hemos de ser nosotros los que vayamos detrás de ellas»[8].

Reconocer la parte de verdad que tiene toda posición ideológica da pie para, desde allí, tender puentes para un diálogo fecundo. Reconocer que, a lo largo de la historia, a las mujeres se les han asignado roles demasiado estrechos en la sociedad ofrece una plataforma para poder intercambiar pareceres con quienes sostienen las teorías de género, sin necesidad de aprobar todas sus consecuencias. Frente a la tragedia de una niña violada por su tío y que quedó embarazada, algunas personas le propondrán que aborte. El cristiano, que no puede aceptar esa solución que en realidad empeora la situación, sí puede compartir con todos la compasión que le provoca la pobre niña, el deseo de que

---

[8] *Ibidem*, 11a.

se haga justicia con el violador, y podrá defender la vida del niño aún no nacido desde una posición llena de empatía, piedad y comprensión. A todos nos une el deseo de ayudar a la madre: ese puede ser el punto de partida para un diálogo fecundo.

La «santa transigencia» nos lleva a convivir con todos, a dialogar con todos. «Debemos vivir, en una palabra, en una conversación continua con nuestros compañeros, con nuestros amigos, con todas las almas que se acerquen a nosotros. Esta es la santa transigencia. Ciertamente podríamos llamarla tolerancia, pero tolerar me parece poco, porque no se trata solo de admitir, como un mal menor e inevitable, que los demás piensen de modo diferente o estén en el error. Se trata también de ceder, de transigir en todo lo nuestro, en lo opinable, en aquello que –no tocando lo esencial– podría ser motivo de discrepancia. Se trata, en fin, de limar asperezas, donde puedan limarse, para crear una plataforma de entendimiento, que facilite la luz a los equivocados»[9].

Si faltara este talante abierto, haríamos un mal servicio a la verdad, como los que «convierten su vida en una perpetua cruzada, en una constante defensa de la fe, pero a veces se obcecan, olvidando

---

[9] *Ibidem*, 12a.

que la caridad y la prudencia deberían regir esos buenos deseos, y se hacen fanáticos. A pesar de su recta intención, el gran servicio que quieren prestar a la verdad se desnaturaliza, y acaban haciendo más mal que bien, defendiendo quizá su opinión, su amor propio, su cerrazón de ideas. Como el hidalgo de la Mancha, ven gigantes donde no hay más que molinos de viento; se convierten en personas malhumoradas, agrias, de celo amargo, de modales bruscos, que no encuentran nunca nada bueno, que todo lo ven negro, que tienen miedo a la legítima libertad de los hombres, que no saben sonreír»[10].

Lejos de esta actitud, la conducta del cristiano en el debate público está presidida por la caridad, que tiene, entre otras características, la delicadeza en el trato, la buena educación, el amor a la libertad ajena, la cordialidad, la simpatía. Por otro lado, no podemos limitarnos a hablar o a dar buen ejemplo: «es menester también que escuchéis, que estéis dispuestos a entablar un diálogo franco y cordial con las almas que deseáis acercar a Dios»[11].

La actitud llena de caridad en el trato con los demás lleva consigo el amor a la libertad ajena.

---

[10] *Ibidem*, 12e y d.
[11] *Ibidem*, 13e.

«Dios quiere que se le sirva en libertad (...). Por eso, cada uno de vosotros ha de procurar vivir en la práctica una caridad sin límites: comprendiendo a todos, disculpando a todos siempre que haya ocasión, teniendo, sí, un celo grande por las almas, pero un celo amable, sin modales hoscos ni gestos bruscos. No podemos colocar el error en el mismo plano que la verdad, pero –guardando siempre el orden de la caridad– debemos acoger con gran compasión a los que están equivocados»[12]. Evidentemente, los errores no son compatibles con la fe, pero eso no impide que podamos ser amigos leales de quienes practiquen esos errores. Es más, estando bien formados, podremos colaborar con ellos en numerosos campos de la vida social.

Insistiendo en la misma idea, san Josemaría considera que el *mandatum novum* «nos obliga a querer a todas las almas, a comprender las circunstancias de los demás, a perdonar, si algo nos hicieren que merezca perdón. Nuestra caridad ha de ser tal, que cubra todas las deficiencias de la flaqueza humana, *veritatem facientes in caritate*, tratando con amor al que yerra, pero no admitiendo componendas en lo que es de fe»[13]. Esta cari-

---

[12] *Ibidem*, 14b.
[13] *Ibidem*, 14d.

dad universal nos ha de llevar a «sentirnos unidos a todos, sin distinciones, sin dividir a las almas en departamentos estancos, sin ponerles etiquetas, como si fueran mercancías o insectos disecados. No podemos separarnos de los demás, porque de lo contrario nuestra vida se haría miserable y egoísta»[14].

La caridad también lleva a no juzgar nunca de las intenciones: «Daremos un trato lleno de cariño a los que, por ignorancia, por soberbia o por la incomprensión de otros, se acercan al error o han caído en él. Si la gente se equivoca, no es siempre por mala voluntad: hay ocasiones en las que yerran, porque no tienen medios para averiguar la verdad por sí mismos; o porque encuentran más cómodo –y hemos de disculparles– repetir bobamente lo que acaban de oír o de leer, y hacen así eco a falsedades»[15].

San Josemaría experimentó a veces en su vida la injusticia que supone ser juzgado sin haber sido escuchado. Por eso afirmaba que, al tratar con personas con visiones diferentes a la cristiana, «es necesario conocer las razones que pueden tener. No es grato a Dios juzgar sin escuchar al reo, a veces

---

[14] *Ibidem*, 16a.
[15] *Ibidem*, 20a.

en las sombras del secreto y en no pocas ocasiones –dada la triste debilidad humana– con testigos y acusadores que se sirven del anonimato para calumniar o difamar»[16].

Escrivá pone el ejemplo de san Juan Bautista, que se informaba antes de actuar, y que con total rectitud de intención preparó los caminos del Señor. «Hijos míos, como Juan, hemos de tener siempre la fortaleza de informarnos ante de opinar; y hemos de enseñar a todos a hacer lo mismo, sin que se dejen llevar por las apariencias de chismes o habladurías. Decir de una persona que es honrada y de conducta intachable, aunque sea cierto, desgraciadamente no es noticia, no llama la atención; mientras que atribuirle toda clase de maquiavelismos o de trapisondas, aunque no sea esa la verdad, es atrayente y se divulga, por lo menos como hipótesis o como rumor»[17].

Incluso con las personas que juzgan apresuradamente hay que tener caridad, pues nuestra cercanía puede facilitarles la rectificación. «Lo mismo da que sean almas alejadas del Señor, o que se trate de la incomprensión de los *buenos*. Sus prejuicios nacen precisamente de la falta de trato, de la au-

---

[16] *Ibidem*, 20b.
[17] *Ibidem*, 21f.

sencia de un diálogo franco, que les ayude a comprender lo que no entienden. No seremos nosotros los que nos neguemos a ese diálogo y, si ellos se niegan, no les guardéis rencor, porque su incomprensión nos santifica»[18].

San Josemaría impulsa a comprender a todos, a ir del brazo con todos, a trabajar juntos también con las personas que están en otra sintonía intelectual. Para acercar a estas personas a lo que nosotros consideramos la verdad, es necesario fortalecer nuestra formación doctrinal y regarlo todo con la caridad de Cristo. «Queremos hacer el bien a todos: a los que aman a Jesucristo y a los que quizá le odian. Pero esos nos dan, además, mucha pena: por eso hemos de procurar tratarles con afecto, ayudarles a encontrar la fe, ahogar el mal en abundancia de bien. No hemos de ver a nadie como enemigo: si combaten a la Iglesia por mala fe, nuestra recta conducta humana, firme y amable, será el único medio para que, con la gracia de Dios, descubran la verdad o al menos la respeten.

Si sus ataques nacen de la ignorancia, nuestra doctrina –confirmada por el ejemplo– podrá hacer caer el velo de sus ojos. Defenderemos siempre los derechos santos de la Iglesia, pero lo procurare-

---

[18] *Ibidem*, 22b.

mos hacer sin herir, sin humillar, procurando no levantar suspicacias ni resentimientos.

¿Contra quién estamos? Contra nadie. No puedo querer al diablo, pero a todos los que no sean el diablo –por malos que sean o parezcan– los quiero bien. No me siento ni me he sentido nunca contrario a nadie; rechazo las ideas que van contra la fe o contra la moral de Jesucristo, pero al mismo tiempo tengo el deber de acoger, con la caridad de Cristo, a todos los que las profesen»[19].

Las palabras que acabo de transmitir sobre el diálogo manifiestan que san Josemaría poseía un «talante liberal», en el buen sentido de la palabra. Es decir, estaba abierto a escuchar a todo el mundo, a reflexionar sobre lo que había escuchado, a rectificar si fuera necesario. Era una actitud contraria a la tozudez –aunque afirmaba que era tozudo en cuanto aragonés, refiriéndose a su determinación para sacar los proyectos al servicio de Dios adelante–. No era una persona que tuviera una cerrazón mental, sino que estaba abierta al cambio. Hay un texto de *Surco* que ilumina esta actitud: «Para ti, que deseas formarte una mentalidad católica, universal, transcribo algunas características:

---

[19] *Ibidem*, 24b, c y d.

– amplitud de horizontes, y una profundización enérgica, en lo permanentemente vivo de la ortodoxia católica;

– afán recto y sano –nunca frivolidad– de renovar las doctrinas típicas del pensamiento tradicional, en la filosofía y en la interpretación de la historia...;

– una cuidadosa atención a las orientaciones de la ciencia y del pensamiento contemporáneos;

– y una actitud positiva y abierta, ante la transformación actual de las estructuras sociales y de las formas de vida»[20].

Estas frases muestran lo ficticia que es la supuesta oposición entre tradición y progreso, entre permanencia y cambio. San Josemaría abre panoramas inmensos para el intelectual cristiano: fidelidad a la tradición –que nada tiene que ver con el tradicionalismo–, deseos de renovar la presentación de las verdades de siempre, interés por las aportaciones de la cultura contemporánea, apertura a los cambios en las instituciones sociales que, en cuanto humanas, estarán siempre sometidas a transformaciones. Lejos del tradicionalismo que absolutiza momentos históricos del pasado, o del progresismo que considera que hay que recha-

---

[20] *Surco*, 428.

zar lo anterior por anticuado y caduco, san Josemaría presenta un modelo de intelectual cristiano
formado en la tradición, abierto al cambio y con
capacidad de dialogar con todo el mundo sin pre-
conceptos propios de posturas ideológicas que no
admiten otra mirada que la propia.

En 1974 san Josemaría realizó una visita pastoral por algunos países de América del Sur. En
Argentina había un ambiente tenso, de desunión
nacional y de violencia fratricida. Sus palabras en
voz alta resonaron en los corazones de miles de
argentinos que estaban sufriendo esa situación, y
que bien pueden aplicarse a muchas circunstancias
de la actualidad: «Que sembréis la paz y la alegría
por todos lados; que no digáis ninguna palabra
molesta para nadie; que sepáis ir del brazo de los
que no piensan como vosotros. Que no os maltra-
téis jamás; que seáis hermanos de todas las criatu-
ras, sembradores de paz y alegría»[21].

La cultura del diálogo excluye por completo la
violencia. San Josemaría tenía una posición muy
clara al respecto. «Es preciso hacer que desaparez-
ca cualquier forma de intolerancia, de coacción y
de violencia en el trato de unos hombres con otros.

---

[21] Notas de una reunión familiar, 15-VI-1974 (AGP, biblioteca, PO4, vol. II, 482).

(...) Dios quiere que se le sirva en libertad y, por tanto, no sería recto un apostolado que no respetase la libertad de las conciencias»[22].

La difusión de la verdad se ha de hacer siempre con caridad, comprensión y delicadeza: «He defendido siempre la libertad de las conciencias. No comprendo la violencia: no me parece apta ni para convencer ni para vencer; el error se supera con la oración, con la gracia de Dios, con el estudio; nunca con la fuerza, siempre con la caridad»[23]. Y en 1954 escribía: «Cuando alguno intentara maltratar a los equivocados, estad seguro que sentiré el impulso interior de ponerme junto a ellos, para seguir, por amor de Dios, la suerte que ellos siguen»[24].

---

[22] *Carta* n. 3, 66d.
[23] *Conversaciones*, 44.
[24] *Carta, 31-V-1954*, 19.

7. ESPÍRITU DE SERVICIO.
GOBERNAR ES SERVIR

La palabra servicio no goza de demasiada popularidad. En cambio, el poder se presenta como algo apetecible. Este hecho quizá pone de manifiesto que vivimos en un mundo secularizado, que ha olvidado que reinar es servir. Por lo menos, esta fue siempre la visión cristiana de la autoridad. Quien ocupa una responsabilidad en la sociedad –un gobernante, una profesora universitaria, un padre o madre de familia, etc.– ha de ser consciente de que está allí para servir a sus súbditos, a sus alumnos, a los miembros de su familia. Con frecuencia vemos lo contrario: que quien ejerce un rol de este tipo acaba no pocas veces sirviéndose a sí mismo. De facto vive el poder como una propiedad personal desde la cual medrar. De ahí surgen fenómenos tan difundidos en los cinco continentes como la corrupción política y económica, la arbitrariedad, los deseos de perpetuarse en el poder.

La historia y la literatura –pensemos en tantos reyes de las obras de Shakespeare, como Macbeth o Ricardo III– lo muestran sobradamente. Gracias a Dios, también hay numerosos ejemplos de personas que ejercen el poder con autoridad moral, con suavidad, con respeto, con espíritu de servicio: honran el nombre de «ministros», palabra que viene del latín «ministrare», es decir, servir.

Una de las características que san Josemaría señala con más frecuencia para la santificación de todas las dimensiones sociales es precisamente el espíritu de servicio. Toda tarea humana honesta tiene como finalidad intrínseca el servicio a los demás. Sirve tanto el médico como el camillero, el barrendero municipal como la investigadora o el empleado bancario. El servicio no es algo añadido al trabajo humano. «Vamos a pensar despacio qué hay en la entraña de nuestra labor profesional. Os diré que es una sola intención: *servir*. Porque en el mundo, ahora, la importancia de la misión social de todas las profesiones está clara: hasta la caridad se ha hecho social, hasta la enseñanza se ha hecho social»[1].

Escrivá se refería al deseo sobrenatural de servir a Dios y a las almas que ha de reinar en los

---

[1] *Carta* n. 3, 26b.

corazones de todos los cristianos, y que tiene también una dimensión humana: «tratar de lograr la perfección cristiana en el mundo limpiamente, con vuestra libérrima y responsable actuación en todos los campos de la actividad ciudadana. Un servicio abnegado, que no envilece, sino que educa, que agranda el corazón –lo hace *romano*, en el sentido más alto de esta palabra– y lleva a buscar el honor y el bien de las gentes de cada país: para que haya cada día menos pobres, menos ignorantes, menos almas sin fe, menos desesperados, menos guerras, menos inseguridad, más caridad y más paz»[2].

Entre las múltiples dimensiones del servicio, Escrivá subrayaba una: «El mejor servicio que podemos hacer a la Iglesia y a la humanidad es dar doctrina. Gran parte de los males que afligen al mundo se deben a la falta de doctrina cristiana»[3]. El gran enemigo de Dios es la ignorancia de los planes llenos de amor y de misericordia que la Providencia tiene para el mundo. Desde cualquier posición que uno ocupe en la sociedad se puede difundir esta verdad tan consoladora.

El espíritu de servicio lleva necesariamente a pensar en los demás, a vivir esa clave antropológi-

---

[2] *Carta* n. 8, 1b, en *Cartas II*, edición crítica y anotada, preparada por Luis Cano, Rialp, Madrid 2022.

[3] *Carta* n. 3, 27a.

ca cristiana, señalada en el n. 24 de la *Gaudium et spes:* la persona humana se realiza en el don sincero de sí. En el entramado de las relaciones sociales es donde ejercemos esa entrega a los demás. «Debemos procurar dar buen ejemplo ante cada persona y ante la sociedad, porque un cristiano no puede ser individualista, no puede desentenderse de los demás, no puede vivir egoístamente, de espaldas al mundo: es esencialmente social, miembro responsable del Cuerpo Místico de Cristo»[4].

De acuerdo con su visión, si en la sociedad prima el espíritu de servicio, la transformación del mundo –siempre conscientes de las humanas limitaciones– será una realidad. «Nuestra labor apostólica contribuirá a la paz, a la colaboración de los hombres entre sí, a la justicia, a evitar la guerra, a evitar el aislamiento, a evitar el egoísmo nacional y los egoísmos personales: porque todos se darán cuenta de que forman parte de la gran familia humana, que está dirigida por voluntad de Dios a la perfección»[5]. Aunque nuestra tarea en la sociedad sea aparentemente ínfima o de poca importancia a los ojos humanos, san Josemaría nos abre ho-

---

[4] *Ibidem*, 37d.
[5] *Ibidem*, 38a.

rizontes y nos dice: podemos cambiar el mundo precisamente desde allí.

Si todos los ámbitos sociales constituyen una oportunidad para contribuir al bien común, para servir, es evidente que algunos de ellos son focos de irradiación directos. San Josemaría señala, por ejemplo, los del servicio público o la actividad política. «En todos los campos donde los hombres trabajan, os habéis de hacer presentes también vosotros, con el maravilloso espíritu de servicio de los seguidores de Jesucristo, que *no vino a ser servido, sino a servir*: sin abandonar imprudentemente –sería error gravísimo– la vida pública de las naciones, en la que actuaréis como ciudadanos corrientes, que eso sois, con libertad personal y con personal responsabilidad»[6]. E insiste: «La presencia leal y desinteresada en el terreno de la vida pública ofrece posibilidades inmensas para hacer el bien, para servir: no pueden los católicos (...) desertar ese campo, dejando las tareas políticas en las manos de los que no conocen o no practican la ley de Dios, o de los que se muestran enemigos de su Santa Iglesia»[7].

---

[6] *Ibidem*, 40e.
[7] *Ibidem*, 41a.

Siguiendo una larga tradición de filosofía política y de doctrina social, cuyos representantes más eximios son Platón, Aristóteles, san Agustín y santo Tomás, Escrivá ofrece una definición de la actividad política: «Política, en el sentido noble de la palabra, no es sino un servicio para lograr el bien común de la Ciudad terrena. Pero este bien tiene una extensión muy grande y, por consiguiente, es en el terreno político donde se debaten y se dictan leyes de la más alta importancia, como son las que conciernen al matrimonio, a la familia, a la escuela, al mínimo necesario de propiedad privada, a la dignidad –a los derechos y los deberes– de la persona humana»[8].

San Josemaría aborrecía de los «politicastros», es decir, las personas que viven de la política «comiendo» del erario público. Alentaba a aquellas personas que «a su vida profesional unen un afán de servicio –nunca de dominio– a sus conciudadanos, en la vida política o en las organizaciones sindicales»[9].

En los escritos de filosofía política clásicos es habitual encontrar apartados dedicados a las virtudes del gobernante. Son numerosos los textos de

---

[8] *Ibidem*, 42a.
[9] *Ibidem*, 43b.

san Josemaría en el que recoge una serie de consejos para gobernar bien en vistas al bien común. Por ejemplo, saber repartir responsabilidades, sin acaparar el poder en una sola persona (cfr. *Surco*, 972); rodearse de personas doctas y rectas moralmente, y no de mediocres para querer sobresalir (cfr. *Surco*, 968); tomar las decisiones escuchando a los colaboradores, para evitar visiones unilaterales (cfr. *Surco*, 392); nunca juzgar o hablar con ligereza sobre personas o temas que el gobernante desconoce (cfr. *Surco*, 397); tener la convicción de que quien gobierna no lo sabe todo y debe aprender de los demás (cfr. *Surco*, 388).

En una carta fechada en 1959 y dirigida a los miembros del Opus Dei, daba una serie de indicaciones que no obedecían a sus ideas políticas personales, sino a la doctrina social de la Iglesia: «Cuando hayáis de participar en tareas de gobierno, poned todo el empeño en dictar leyes justas, que puedan cumplir los ciudadanos. Lo contrario es un abuso de poder y un atentado a la libertad de la gente: deforma sus conciencias, además, porque –en esos casos– tienen perfecto derecho a dejar de cumplir esas leyes que solo lo son de nombre»[10].

---

[10] *Carta* n. 29, 52, en https://escriva.org/es/carta-29/carta-n-29/.

Al mismo tiempo, no era suficiente dictar buenas leyes, sino hacer partícipes a todos los ciudadanos del bien común, y en particular, a los más débiles: «Respetad la libertad de todos los ciudadanos, teniendo en cuenta que el bien común debe ser participado por todos los miembros de la comunidad. Dad a todos la posibilidad de elevar su vida, sin humillar a unos, para levantar a los demás; ofreced, a los más humildes, horizontes abiertos para su futuro: la seguridad de un trabajo retribuido y protegido, el acceso a la igualdad de cultura, porque esto llevará luz a sus vidas, cambiará su humor y les facilitará la búsqueda de Dios y de realidades más altas»[11].

San Josemaría es particularmente crítico con quien se perpetúa en el poder, no deja paso a las nuevas generaciones y no forma a quienes le pueden reemplazar. Leemos en *Surco*: «Si la autoridad se convierte en autoritarismo dictatorial y esta situación se prolonga en el tiempo, se pierde la continuidad histórica, mueren o envejecen los hombres de gobierno, llegan a la edad madura personas sin experiencia para dirigir, y la juventud –inexperta y excitada– quiere tomar las riendas: ¡cuántos males!, ¡y cuántas ofensas a Dios –pro-

---

[11] *Ibidem.*

pias y ajenas– recaen sobre quien usa tan mal de la autoridad!»[12].

La política, actividad noble en sí misma, entraña también riesgos y peligros. En particular, el fundador del Opus Dei se refería a la posibilidad de que el ejercicio del poder llegue a deformar la conciencia o el no respetar la justa libertad de los demás. Pero sobre todo alertaba sobre tentaciones más generales: la ambición, la pasión que lleva a nacionalismos o partidismos exacerbados, o caer en el delirio de pensar que con el poder se puede todo y, por tanto, perder la visión sobrenatural, olvidar la acción divina en el mundo y en los corazones. Si siempre existe el riesgo de mundanizarse, quizá en este ámbito el riesgo es mayor. De ahí que san Josemaría propusiera como remedios a esas tentaciones el desprendimiento de los bienes temporales –la pobreza– y el desprendimiento de las glorias humanas –la humildad–[13].

---

[12] *Surco*, 397.
[13] Cfr. *Carta* n. 3, 57-58.

8. COMPASIÓN Y ACCIÓN

Uno de los avances más característicos de la cultura contemporánea es el rechazo a todo tipo de discriminación. Es algo muy positivo desde una mirada cristiana, aunque con dolor comprobamos que muchas veces se sigue discriminando a distintos grupos de personas, sobre todo, a los más débiles o a quienes tienen capacidades diferentes. A estos grupos se suman los que consideran que hay verdades objetivas, o quienes piensan que esta vida tiene sentido, o los que se atreven a profesar su fe públicamente: no es raro que esas personas –muchos de los lectores de este libro, supongo– sean tachadas de fundamentalistas o peligrosas para la democracia.

Recientemente, un documento de la Santa Sede ha reafirmado la dignidad de toda persona: «Una dignidad infinita, que se fundamenta inalienablemente en su propio ser, le corresponde a cada persona humana, más allá de toda circunstancia y en cualquier estado o situación en que se encuentre. Este principio, plenamente reconocible incluso por la sola razón, fundamenta la primacía de la persona humana y la protección de sus derechos»[1].

Con el fin de aclarar posibles malentendidos sobre el término dignidad, el documento explica que se pueden distinguir cuatro dimensiones: *dignidad ontológica*, *dignidad moral*, *dignidad social* y *dignidad existencial*. La primera es la más importante. La *dignidad ontológica* «corresponde a la persona como tal por el mero hecho de existir y haber sido querida, creada y amada por Dios. Esta dignidad no puede ser nunca eliminada y permanece válida más allá de toda circunstancia en la que pueden encontrarse los individuos»[2].

La *dignidad moral* se refiere al ejercicio de la libertad por parte de la persona humana. Muchas veces hacemos un mal uso de la libertad, y en ese caso nos comportamos de un modo «no digno» de la persona. «La historia nos atestigua que el ejercicio de la libertad contra la ley del amor revelada por el Evangelio puede alcanzar cotas incalculables de mal infligido a los otros. Cuando esto sucede, nos encontramos ante personas que parecen

---

[1] Dicasterio para la doctrina de la fe, *Declaración* Dignitas infinita *sobre la dignidad humana*, 8-IV-2024, n. 1.

[2] *Ibidem*, n. 7.

haber perdido todo rastro de humanidad, todo rastro de dignidad. A este respecto, la distinción introducida aquí nos ayuda a discernir con precisión entre el aspecto de la dignidad moral, que de hecho puede «perderse», y el aspecto de la dignidad ontológica, que nunca puede ser anulada. Y es precisamente en razón de esta última que se deberá trabajar con todas las fuerzas, para que todos los que han hecho el mal puedan arrepentirse y convertirse»[3].

La *dignidad social* hace referencia a las condiciones de vida de una persona. Se puede afirmar que hay vidas «indignas» porque sus circunstancias sociales no respetan la dignidad ontológica de la que goza toda persona. Hablar de una «vida indigna» «no indica en modo alguno un juicio hacia la persona, al contrario, quiere destacar el hecho de que su dignidad inalienable se contradice por la situación en la que se ve obligada a vivir»[4].

Por último, la *dignidad existencial:* «con esta expresión nos referimos a situaciones de tipo existencial: por ejemplo, al caso de una persona que, aun no faltándole, aparentemente, nada de esencial para vivir, por diversas razones, le resulta di-

---

[3] *Ibidem.*
[4] *Ibidem*, n. 8.

fícil vivir con paz, con alegría y con esperanza. En otras situaciones es la presencia de enfermedades graves, de contextos familiares violentos, de ciertas adicciones patológicas y de otros malestares los que llevan a alguien a experimentar su propia condición de vida como «indigna» frente a la percepción de aquella dignidad ontológica que nunca puede ser oscurecida Las distinciones aquí introducidas, en todo caso, no hacen más que recordarnos el valor inalienable de esa dignidad ontológica enraizada en el ser mismo de la persona humana y que subsiste más allá de toda circunstancia»[5].

San Juan Pablo II, desde una perspectiva personalista, subrayaba que «la persona es un ser para el que la única dimensión adecuada es el amor»[6]. Y Francisco añade: «El amor implica entonces algo más que una serie de acciones benéficas. Las acciones brotan de una unión que inclina más y más hacia el otro considerándolo valioso, digno, grato y bello, más allá de las apariencias físicas o morales. El amor al otro, por ser quien es, nos mueve a buscar lo mejor para su vida. Solo en el cultivo de esta forma de relacionarnos haremos posibles la

---

[5] *Ibidem*.

[6] JUAN PABLO II, *Cruzando el umbral de la esperanza*, Plaza y Janés, Barcelona 1994, p. 199.

amistad social que no excluye a nadie y la fraternidad abierta a todos»[7].

San Josemaría, aludiendo a Jesucristo crucificado, decía que todos los cristianos deberíamos abrir los brazos de par en par, para abrazar a todas las almas. Consideraba que toda persona tenía un valor infinito, pues «valemos toda la sangre de Cristo». Utilizando la terminología del documento que acabamos de citar, podemos afirmar que, tanto en su vida como en su doctrina, vivía con todas sus consecuencias el respeto a la dignidad de la persona humana en sus cuatro dimensiones. Dignidad ontológica que le llevaba a defender la vida desde el momento de la concepción hasta la muerte natural, en un apostolado constante en un contexto cultural donde ya estaba muy desarrollada la mentalidad antivida; dignidad moral, que le llevaba a buscar al pecador para acercarlo a las fuentes de la gracia, incluso llegando hasta las puertas del infierno; dignidad social, despertando las conciencias de todas las personas de buena voluntad para promover el desarrollo de todos, en especial, de los más pobres, y alcanzar un nivel de vida concorde con la dignidad de hijos de Dios; y, por último, la dignidad

---

[7] FRANCISCO, *Fratelli tutti*, n. 94.

existencial, por su constante preocupación por acompañar a las personas solas, consolar a los enfermos, predicar la paz familiar, etc.

Sufría al ver cómo los hombres y mujeres de su tiempo –que también es el nuestro– eran discriminados por el color de su piel o por su nacionalidad. Sostenía que había solo una raza, la de los hijos de Dios, y gozaba al ver cómo llegaban al Opus Dei vocaciones de los cinco continentes. A su vez, fue incansable en denostar los nacionalismos exacerbados tan presentes en su tiempo, que distinguía de un sano amor a la patria, parte integrante de la virtud de la piedad. Hoy en día acuden a la intercesión de san Josemaría ciudadanos de las principales metrópolis del mundo, pero igualmente indios guajiros de Venezuela y Colombia, pastores Masai de Kenia, indígenas de las sierras bolivianas, peruanas y ecuatorianas, tarahumaras de Chihuahua y un largo etcétera que pone de manifiesto su espíritu católico, es decir, universal de su mensaje.

Como hemos visto, el respeto por la dignidad de la persona humana tiene muchas declinaciones. Por ejemplo, san Josemaría tuvo un contacto directo con la pobreza y la marginalización social. Además de la ruina económica que sufrió su familia, que le forjó en las virtudes de la sobriedad, austeridad y desprendimiento, dedicó muchas horas de trabajo pastoral entre los pobres y los enfermos de Madrid. Como en todas las grandes ciudades europeas, también allí se había ido formando en las últimas décadas del siglo XIX y en las primeras del XX un cinturón de pobreza y de marginalidad. Muchas familias se sentían atraídas por las mayores posibilidades de trabajo que ofrecía la capital, y se hacinaban en chabolas, en medio de circunstancias materiales deplorables.

Los pobres, los enfermos, los niños ocupaban un lugar privilegiado en su corazón. Refiriéndose a los que el Papa Francisco llama hoy las víctimas de la «cultura del descarte», escribía en *Camino:*

«–Niño. –Enfermo.

–Al escribir estas palabras, ¿no sentís la tentación de ponerlas con mayúscula?

Es que, para un alma enamorada, los niños y los enfermos son Él»[8].

Y en *Surco* leemos estas palabras, de profundidad también teológica:

«Los pobres –decía aquel amigo nuestro– son mi mejor libro espiritual y el motivo principal para mis oraciones. Me duelen ellos, y

---

[8] *Camino*, 419.

Cristo me duele con ellos. Y, porque me duele, comprendo que le amo y que les amo»[9].

Josemaría, joven sacerdote que venía de una capital de provincia, encontró en ese ambiente un campo enorme para desfogar sus ansias apostólicas. Los atendía espiritualmente, mediante la celebración de los sacramentos y las catequesis, pero también ponía el corazón en el trato con las familias que visitaba, con los enfermos que consolaba, con los mendigos que saludaba, a quienes les dirigía palabras de cariño, además de la poca ayuda material que podía proporcionarles. Se apoyaba en la oración de los pobres y los enfermos. Tanto es así, que veía en ellos el fundamento sólido de oración y sufrimiento ofrecido al Señor que la Obra necesitaba para madurar. En 1941 escribía: «No hace falta recordaros, porque estáis viviéndolo, que el Opus Dei nació entre los pobres de Madrid, en los hospitales y en los barrios más miserables: a los pobres, a los niños y a los enfermos seguimos atendiéndolos. Es una tradición que no se interrumpirá nunca en la Obra»[10].

El tercer sucesor de san Josemaría recordaba esta actitud evangélica. «Se presenta ante nosotros

[9] *Surco*, 827.
[10] *Instrucción*, 8-XII-1941, 57.

–explica Mons. Ocáriz– un panorama amplísimo en la familia y en la sociedad, y un corazón ensanchado tratará de cuidar con esmero a sus padres ancianos, dar limosna, interesarse por los problemas de los vecinos, rezar por un amigo agobiado por una preocupación, visitar un pariente enfermo en el hospital o en su casa, pararse a hablar con una persona que vive en la calle a la que vemos habitualmente, escuchar pacientemente, etc., etc. De ordinario, no se trata de sumar nuevas tareas a las que ya realizamos; se trata más bien de procurar manifestar desde la propia identidad el amor de Cristo a los demás. La pregunta sobre la caridad no es solo qué tengo que hacer, sino, antes, quién soy para el otro y quién es el otro para mí»[11]. A la actitud personal de san Josemaría se unía sus ansias de infundir en sus hijos espirituales y en todas las personas a las que llegaba su predicación, la responsabilidad de colaborar en la solución de los problemas sociales.

Si un primer paso es la «compasión» ante el débil, el pobre, el discriminado, el siguiente paso ha de ser la «acción»: el cristiano –y toda persona de buena voluntad– no puede quedarse cruzado de

---

[11] F. Ocáriz, Conferencia "Agrandar el corazón", 22 de enero de 2023, cit.

brazos frente a las injusticias sociales. Su amor a Cristo, a quien veía en los pobres, lo impulsaba a buscar medios para revertir las situaciones de pobreza y miseria de tantas personas en los cinco continentes. Consideraba que, si la vida espiritual era auténtica, necesariamente debía desembocar en la cercanía a las personas que sufren. De otra manera, se caería en una religiosidad subjetivista, que encerraría una comodidad ajena al espíritu de Cristo[12]. «No se ama la justicia –escribía en una homilía dedicada a san José–, si no se ama verla cumplida con relación a los demás. Como tampoco es lícito encerrarse en una religiosidad cómoda, olvidando las necesidades de los otros. El que desea ser justo a los ojos de Dios se esfuerza también en hacer que la justicia se realice de hecho entre los hombres. Y no solo por el buen motivo de que no sea injuriado el nombre de Dios, sino porque ser cristiano significa recoger todas las instancias nobles que hay en lo humano. Parafraseando un conocido texto del apóstol san Juan, se puede decir que quien afirma que es justo con Dios, pero no es

---

[12] Cfr. Schlag, M., voz "Promoción y desarrollo", en el *Diccionario de San Josemaría Escrivá de Balaguer*, Monte Carmelo, Burgos 2013, p. 1026.

justo con los demás hombres, miente: y la verdad no habita en él»[13].

Respetando el legítimo pluralismo que existe a la hora de encontrar las soluciones técnicas para resolver las emergencias sociales, no dejaba de recordar a todos que parte central del Evangelio es la predilección por los pobres y enfermos, que deben gozar de los mismos derechos de los demás hombres. Sin medias tintas, afirmaba a mediados del siglo pasado: «En estos tiempos de confusión, no se sabe lo que es derecha, ni centro, ni izquierda, en lo político y en lo social. Pero si por izquierda se entiende conseguir el bienestar para los pobres, para que todos puedan satisfacer el derecho a vivir con un mínimo de comodidad, a trabajar, a estar bien asistidos si se ponen enfermos, a distraerse, a tener hijos y poderles educar, a ser viejos y ser atendidos, entonces yo estoy más a la izquierda que nadie. Naturalmente, dentro de la doctrina social de la Iglesia, y sin compromisos con el marxismo o con el materialismo ateo; ni con la lucha de clases, anticristiana, porque en estas cosas no podemos transigir»[14].

---

[13] *Es Cristo que pasa*, 52.
[14] Instrucción, V-1935/14-IX-1950, nota 146. Citada por J. Echevarría, *Carta pastoral*, 1 de abril de 2013.

Para san Josemaría hay exigencias de justicia ineludibles, y se deben buscar todos los medios idóneos para que se respeten. A su vez, en su visión social impregnada por el amor de Cristo, consideraba que la justicia sola no basta. «Convenceos de que únicamente con la justicia no resolveréis nunca los grandes problemas de la humanidad. Cuando se hace justicia a secas, no os extrañéis si la gente se queda herida: pide mucho más la dignidad del hombre, que es hijo de Dios. La caridad ha de ir dentro y al lado, porque lo dulcifica todo: Dios es amor (...). Para llegar de la estricta justicia a la abundancia de la caridad, hay todo un trayecto que recorrer. Y no son muchos los que perseveran hasta el fin. Algunos se conforman con acercarse a los umbrales: prescinden de la justicia y se limitan a un poco de beneficencia que califican de caridad. (...) La caridad, que es como un generoso desorbitarse de la justicia, exige siempre el cumplimiento del deber: se empieza por lo justo; se continúa por lo más equitativo (...); pero para amar se requiere mucha finura, mucha delicadeza, mucho respeto, mucha afabilidad: en una palabra, seguir aquel consejo del Apóstol: "llevad los unos las cargas de los otros, y así cumpliréis la ley de Cristo". Entonces sí, ya vivimos plenamente la caridad, ya realizamos el mandato de Jesús»[15].

A lo largo de su vida, el fundador del Opus Dei alentó innumerables iniciativas en servicio de los más necesitados: institutos de formación profesional, dispensarios médicos, escuelas agrarias, centros de formación para el hogar, etc. A su vez, alentaba a evitar una mentalidad «asistencialista»: había que poner en manos de los más necesitados los instrumentos necesarios para que pudieran salir adelante por ellos mismos, respetando su dignidad. Eso implicaba darles formación humana y profesional, sin olvidar la formación espiritual, porque entonces como ahora –es una denuncia del Papa Francisco– «la peor discriminación que sufren los pobres es su falta de atención espiritual»[16]. También san Josemaría afirma: «Hijos de mi alma, no olvidéis que la miseria más triste es la pobreza espiritual, la carencia de la doctrina y de la participación en la vida de Cristo»[17]. Y en el Perú, frente a un nutrido grupo de personas que participaban en las labores formativas de Valle Grande y de Condoray –dos iniciativas para el desarrollo agrícola

---

[15] *Amigos de Dios*, 172-173.
[16] Francisco, *Evangelii gaudium*, 200.
[17] *Carta* n. 29, 52.

del valle de Cañete–, afirmaba: «Vengo a felicitaros por la labor colosal, de promoción humana, que se hace aquí. He dicho promoción humana y, por lo tanto, no es solo promoción profesional, material: es también promoción espiritual»[18].

También impulsó universidades y escuelas de formación empresarial en los que se procura fomentar la responsabilidad social y el espíritu solidario, para poner esa formación de altura al servicio del bien común. Procuró que las personas más formadas y con mayores posibilidades económicas afinaran su sensibilidad social, producto no tanto de unos principios de filosofía política o económica, sino de una mentalidad que se amolda a los sentimientos del Corazón de Cristo: «Un hombre o una sociedad que no reaccione ante las tribulaciones o las injusticias, y que no se esfuerce por aliviarlas, no son un hombre o una sociedad a la medida del amor del Corazón de Cristo. Los cristianos –conservando siempre la más amplia libertad a la hora de estudiar y de llevar a la práctica las diversas soluciones y, por tanto, con un lógico pluralismo– han de coincidir en el idéntico afán de servir a la humanidad. De otro modo, su cristia-

***

[18] Notas de una reunión familiar, 13 de julio de 1974 (AGP, Biblioteca, P04, 1974, vol. II, 281).

nismo no será la Palabra y la Vida de Jesús: será un disfraz, un engaño de cara a Dios y de cara a los hombres»[19].

No podemos conformarnos con resolver los problemas personales y familiares. Son prioritarios, pero han de constituir la plataforma para lanzarnos «mar adentro» a buscar a todos los hombres, a llevar el mensaje de Cristo a cada persona. «La caridad de Cristo –escribe san Pablo– nos urge» (2 Co 5, 14). Y el amor implica entrega, salir de uno mismo, don sincero de sí. Con otras palabras, lleva a complicarnos la vida. En Venezuela, en una de esas reuniones multitudinarias que mantuvo con todo tipo de personas, contestando a una pregunta sobre la educación de los hijos en relación con los bienes materiales, san Josemaría señaló:

«Yo les pasearía un poco... por esos barrios que hay alrededor de la gran ciudad de Caracas. Les pondría la mano delante de los ojos, y después la quitaría para que vieran las chabolas, unas encima de otras: ¡y ya les has contestado! Que sepan que el dinero lo tienen que aprovechar bien; que han de saberlo administrar, de modo que todos participen de alguna manera

---

[19] *Es Cristo que pasa*, 167.

de los bienes de la tierra. Porque es muy fácil decir: yo soy muy bueno, si no se ha pasado ninguna necesidad. Un amigo, hombre de mucho dinero, me decía una vez: yo no sé si soy bueno, porque nunca he tenido a mi mujer enferma, encontrándome sin trabajo y sin un céntimo; no he tenido a mis hijos debilitados por el hambre, estando sin trabajo y sin un céntimo; no me he encontrado en medio de la calle, tendido sin un cobijo... No sé si soy un hombre honrado: ¿qué habría hecho yo, si me hubiera sucedido todo eso? Mirad, hemos de procurar que no le pase a nadie; hay que habilitar a la gente para que, con su trabajo, pueda asegurarse un bienestar mínimo, estar tranquilo en la vejez y en la enfermedad, cuidar de la educación de los hijos, y tantas otras cosas necesarias. Nada de los demás puede resultarnos indiferente y, desde nuestro sitio, hemos de procurar que se fomente la caridad y la justicia»[20].

* * *

El cristiano que, coherente con el Evangelio y bien formado en la doctrina social, procura influir en la comunidad, con responsabilidad social, res-

---

[20] Notas de una reunión familiar, 9-II-1975 (AGP, Biblioteca, P04, 1975, vol. III, 83-84).

peto a la libertad de los demás, capacidad de diálogo, espíritu de servicio y compasión activa por los más pobres, es un generador de cambios positivos. Como los círculos concéntricos que produce la piedra echada en el agua, su influjo llegará hasta los últimos confines de la tierra. Si hay muchos cristianos así, habrá razones para esperar en un mundo mejor, con más amor, comprensión, paz, perdón. No caigamos en la utopía, pues el mal siempre estará presente hasta el fin de los tiempos. Pero es nuestra responsabilidad aportar nuestra contribución para hacer más cristiana –y, en consecuencia, más humana– la convivencia social.

Pocas semanas antes de concluir este texto vi en los estantes de una librería de Yaoundé, capital de Camerún, un libro que se titulaba así: *Le pire n'est pas encore arrivé* (Lo peor todavía no ha llegado). Como título es poco entusiasmante. Con las certezas que nos da la fe, podemos afirmar que, si somos fieles a nuestra vocación de ciudadanos cristianos en medio del mundo, lo mejor todavía no ha llegado. Todo depende al mismo tiempo de Dios y de nuestra correspondencia libre y responsable a la gracia divina.